AF262279

COMPTE-RENDU

DES TRAVAUX

DE L'AMBULANCE DE LA GARE DE PERRACHE-LYON

SOCIÉTÉ FRANÇAISE

DE

SECOURS AUX MALADES & AUX BLESSÉS

DES ARMÉES DE TERRE ET DE MER

COMPTE-RENDU

DES TRAVAUX

DE L'AMBULANCE DE PERRACHE-LYON

Présenté au Comité sectionnaire Lyonnais, au nom de la Direction

PAR LE DOCTEUR A. FAVRE

Médecin consultant de l'Administration des Chemins de fer de Paris à Lyon et à la Méditerranée
Médecin en chef de l'Ambulance de Perrache, ex-médecin traitant à l'hôpital militaire
Secrétaire-adjoint de l'Association des Médecins du Rhône
Membre de la Société des Sciences médicales
Chevalier de la Légion-d'Honneur

Août 1870 à Octobre 1871

LYON

IMPRIMERIE DU SALUT PUBLIC

BELLON, RUE DE LYON, 33

—

1872

PERSONNEL DE L'AMBULANCE DE PERRACHE.

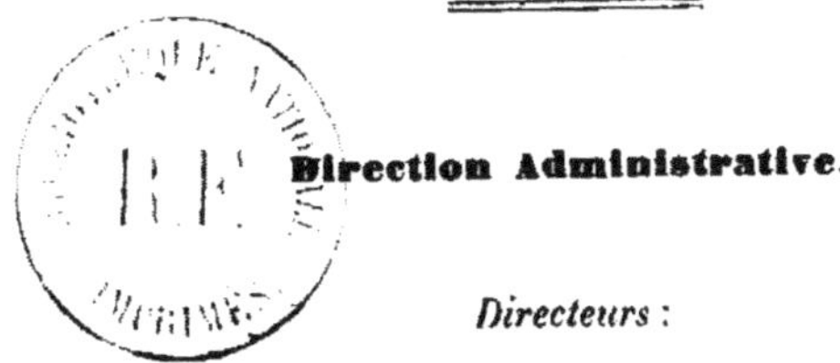

Direction Administrative.

Directeurs :

MM.

A. DESGEORGE, négociant,

J. PERRET, négociant,

P. PIATON, administrateur des hospices.

Adjoints à la direction :

FAYARD, ※, conseiller à la Cour d'appel,

L. JUSTER, propriétaire,

DU ROURE, vérificateur de l'Enregistrement et des domaines.

DE SAINT-CHARLES, conseiller de Préfecture,

G. SAINT-OLIVE, administrateur des hospices.

Service médical.

MM. les Docteurs :

A. FAVRE, médecin en chef de l'Ambulance,

Y. BERGERON, médecin de l'administration du chemin de fer,

L. RIEUX, médecin de l'administration du chemin de fer, secrétaire de
la Commission médicale,

MM. les Docteurs :

P. M. Tallon, médecin de l'administration du chemin de fer, adjoint à la direction médicale de l'ambulance,

Bourland - Lusterbourg, secrétaire général de l'Association des médecins du Rhône,

Rivoire, chirurgien-major des sapeurs-pompiers,

Ph. Faure, O. ✻, inspecteur-adjoint des Eaux de Néris,

Bianchi, chef de clinique médicale à l'Ecole de médecine,

Marduel, chef de clinique d'accouchements à l'Ecole de médecine,

Billoud-Monterrad,

Pernot, chirurgien-major à la 1re ambulance lyonnaise.

Aides et Sous-Aides-Majors.

MM.

B. Brun, X. Grad, L. Jubin, Roussel, Brun-Baty, Kuoll, Raynaud, Barbarin, Biot, de Wezyg, Fea, Ravet, Ponsot, Weill, Guyot, Chevalier, Lafaye.

Pharmacien-Major.

M. Vial, pharmacien de la compagnie du chemin de fer.

Pharmacien Aide-Major.

M. Bontemps.

Infirmiers civils.

MM.

E. Passot, avocat, secrétaire de l'ambulance ; F. Baudesson de Riche-
bourg, magistrat ; Marillier, Louis Durand, Moreau, Camel, Joannès
Gourd, De Bury, Bert, Blath, Bayle, De Mercey, Stern, Chatelau,
Robert, Tisseur, Allard, Dommartin, Réné Mas.

Dames chargées de la lingerie.

Mesdames,

Aillaud, Du Bourg, De Cazenove, Chaurand, Desfuts, d'Espagny,
Du Fay, De Fructus, Galline, L. de Jover, M. de Jover, De Mercey,
Morin-Pons, Péricaud, Picard, Du Roure, De Ruolz.

Sœur Madeleine, supérieure des Sœurs St-Charles.
Sœur Sainte-Pélagie.

---

24 infirmiers militaires commandés par un sergent.

COMPTE-RENDU

DES

TRAVAUX DE L'AMBULANCE DE PERRACHE

AOUT 1870 A OCTOBRE 1871

MESSIEURS,

Le rapport sur l'Ambulance de Perrache vous est tardivement présenté par la raison simple que cette ambulance est à peine fermée de fait. Chaque jour nous avons eu l'occasion jusqu'au 25 octobre 1871 de donner des soins à des militaires blessés ou malades.

Ceux d'entre nous à qui il fut donné de prendre une part égale à l'action et au Conseil, vous ont fait connaître en temps opportun les nombreuses et importantes modifications apportées à nos services.

D'une installation primitivement très-restreinte vous aviez fait un établissement considérable dont les proportions se développaient avec une étonnante rapidité par l'activité féconde d'une très-habile direction. Aux ressources du Comité lyonnais sont venues s'ajouter celles que l'administration militaire nous a de bonne heure allouées.

Les secours en personnel et matériel fournis par l'intendance furent très-importants, mais sans contredit le plus grand service que cette administration ait pu rendre aux malades, à notre ambulance et à la ville, a consisté dans la création à la gare d'un bureau militaire qui devait expédier rapidement les formalités réglementaires.

Notre service médical ayant été dès le 15 janvier autorisé par M. le général commandant la division, à délivrer des congés de convalescence, nous avons pu rendre à leurs familles sans perte de temps près de 1,500 militaires.

Fonctionnant comme une sorte de bureau central, Perrache arrêtait au passage les militaires incapables de continuer leur route sans danger, et les envoyait dans les hôpitaux ou les ambulances (près de 1,000 dans les hôpitaux, 988 dans les ambulances). Ceux dont l'état de maladie ne présentait pas de gravité, étaient immédiatement dirigés sur les dépôts. Pendant ce temps l'épidémie variolique sévissait cruellement dans les hôpitaux et sur la population de notre ville. Il était d'une importance extrême, après que nos malades avaient été soignés et réconfortés, de les envoyer au plus vite sous un ciel plus clément ; leur séjour prolongé parmi nous les aurait exposés grandement à devenir les victimes du fléau, et dans tous les cas ils auraient aggravé par leur présence le fâcheux état sanitaire dans lequel nous nous trouvions.

Nous étions à même de faire 500 pansements par jour, de donner de 2 à 3,000 repas à table, et nous avions 250 lits. Cet état de choses très-favorable aux malades qui trouvaient en sortant des voitures les soins les plus empressés, donnait à l'Administration militaire la possibilité de faire de grandes évacuations sur les hôpitaux du Midi.

L'Administration du chemin de fer malgré la gêne qu'elle éprouvait de notre présence avait mis à la disposition du Comité de vastes locaux ; elle n'a jamais cessé d'être favorable au fonctionnement de notre ambulance. Nous devons reconnaître ici le bon vouloir et la cordialité de ses agents qui, dans la mesure du possible, ont voulu contribuer à nos travaux en installant dans les meilleures conditions nos malades et blessés à leur départ.

§ I. — Locaux, Matériel de l'Ambulance.

Une salle de 5 mètres de côté, trois lits, des fauteuils-lits, quelques chaises, une table, une boîte de secours et les objets nécessaires aux pansements, telle fut la première organisation établie par M. le docteur Devilliers, médecin en chef de la Compagnie du chemin de fer.

Cette première fondation servit de base, puis-je dire ? à l'édifice rapidement construit, avec l'aide de l'Intendance militaire, par les éminents citoyens dont vous aviez bien voulu me faire le collaborateur.

MM. A. Desgeorge, J. Perret et P. Piaton, directeurs, ont présidé aux changements matériels ; nous devons toutefois dire que les baraquements ont été construits d'après les plans et sous la surveillance de MM. Fuzy et Maréchal, membres du Comité lyonnais. Ces baraquements ont été parfaitement appropriés à leur destination, et MM. Fuzy et Maréchal ont obtenu des entrepreneurs les meilleures conditions, M. Perret, ingénieur en chef, et Cottiau, inspecteur principal, qui représentaient la Compagnie du chemin de fer dans ses rapports avec le Comité, ont accordé toutes les améliorations compatibles avec les devoirs de leur charge.

Les visites fréquentes faites à Perrache par M. O. Galline, administrateur de la Compagnie du chemin de fer, ont sans doute aplani beaucoup de difficultés.

Après des transformations savamment et rapidement exécutées, nous avons pu disposer de 250 lits environ : 100 lits dans un local appartenant à la brasserie des chemins de fer ; 100 lits dans la salle de repos dite de l'Intendance, 39 dans deux salles ouvertes sur la voie, 5 dans l'ancien bureau de l'octroi.

Enfin les fauteuils-lits des salles de pansement étaient utilisés quand nos salles étaient remplies.

Les 39 lits des salles d'attente plus confortablement établis que ceux des autres dortoirs étaient réservés aux soldats les plus malades, les 5 lits de l'ancien bureau de l'octroi servaient aux militaires atteints de maladies contagieuses.

Trois salles étaient destinées aux pansements. Elles étaient largement pourvues du matériel nécessaire. Une de ces salles contenait une pharmacie donnée par M. Vial, pharmacien de la Compagnie, et de l'ambulance. Nous étions autorisé par M. le docteur Devilliers à fournir aux malades et blessés les médicaments indispensables. Cette libéralité de l'administration du chemin de fer représente une somme considérable.

Nous avons tiré un excellent parti des fauteuils-lits et des fauteuils-roulants que l'Administration du chemin de fer nous avait prêtés.

Deux cabinets étaient réservés, l'un à la comptabilité, l'autre au vestiaire.

Le vestiaire était occupé par les dames patronesses qui ont prêté à notre œuvre un si généreux et si utile concours.

A côté des salles de pansement se trouvaient dans un baraquement, la cuisine, le réfectoire et leurs dépendances. Une cour assez vaste pouvant servir de promenoir et communiquant avec le réfectoire donnait accès à des water-closets très-bien installés ; dans cette cour se trouvaient aussi un certain nombre de fontaines destinées aux ablutions des militaires.

Pour transporter nos malades nous avions plusieurs voitures fournies par l'Intendance ; des précautions minutieuses étaient recommandées vis-à-vis des soldats atteints de maladies contagieuses.

Les locaux et le matériel ont été régulièrement désinfectés soit avec la liqueur de Labarraque, soit avec l'eau phéniquée ; les fosses d'aisance avec le persulfate de fer et les urinoirs avec la chlorure de chaux.

§ II. — Personnel.

Dans les œuvres de secours, de charité, au milieu des plus grandes épreuves, les femmes apportent un élément de consolation, de gracieuse bienfaisance, qui ne sont pas dans les habitudes de notre sexe.

A peine l'ambulance était-elle ouverte que plusieurs dames de notre ville sont venues réclamer leur part de dévouement.

Surmontant les dégoûts inséparables des travaux d'uu hôpital, bravant la contagion et s'exposant aux rigueurs d'un hiver exceptionnel, elles ont voulu se vouer de jour et de nuit à l'accomplissement d'une tache laborieuse toujours dominée par l'imprévu.

Elles ont été prodigues de consolations, elles ont voulu tenir auprès de nos malheureux blessés la place des sœurs de Saint-Vincent-de-Paul; elles ont distribué les objets d'habillement tout à fait *larga manu.*

Dames chargées de la lingerie.

Mesdames :

Aillaud, Du Bourg, De Cazenove, Chaurand, Desfut, D'Espagny, Du Fay, De Fructus, Galline, L. de Jover, M. de Jover, De Mercey, Morin-Pons, Pericaud, Picard, Du Roure, de Ruolz.

Ces dames ont accompli leur mission avec un dévouement égal, que nous ne pourrions assez louer, nous devons dire toutefois que Mesdames Aillaud, De Mercey, Morin-Pons, Du Roure, De Ruolz, ont le plus souvent assuré le service.

A côté de ces dames nous avons vu des hommes appartenant à toutes les classes de la société lyonnaise : ouvriers, commis, magistrats, avocats, banquiers, négociants, fonctionnaires, apporter leur concours et ne pas craindre d'accomplir la tâche du plus humble serviteur des pauvres ! Spectacle bien consolant au milieu de nos désastres ! Qui pouvait dans ces temps de détresse nationale imposer des limites à son dévouement ? Tous ne cherchaient-ils pas à élever le sacrifice à la hauteur des malheurs de la patrie ?

Les sœurs de Saint-Charles ont reçu à Perrache les attributions des sœurs de Charité de nos hôpitaux ; leur zèle infatigable ne s'est pas démenti jusqu'à la fin ; nous devons rendre hommage à leur mérite.

L'ambulance fondée par les Suisses résidant à Lyon et dirigée par MM. Vernet et Mathieu, nous a envoyé deux infirmiers chaque nuit. Ces chers collaborateurs suivant les traditions de leurs respectables et généreux compariotes sont venus assidûment apporter les soins les plus dévoués à nos pauvres blessés ; ils ont encore resserré les liens qui les unissent à leur pays d'adoption.

Le service médical était confié à 11 docteurs en médecine entre lesquels les heures de jour et de nuit étaient distribuées de telle sorte que chacun d'eux avait à son tour temporairement la direction médicale de l'ambulance.

Médecins Majors de l'Ambulance.

MM.

BERGERON, médecin de l'administration du chemin de fer.

RIEUX, médecin de l'administration du chemin de fer, secrétaire de la Commission médicale ;

TALLON, médecin de l'administration du chemin de fer, adjoint à la direction médicale de l'ambulance ;

BOURLAND-LUSTERBOURG, secrétaire général de l'association des médecins du Rhône ;

RIVOIRE, médecin-major des sapeurs-pompiers ;

MM.

Philippe Faure, O. ✳, inspecteur adjoint des Eaux de Néris ;

Bianchi, chef de clinique médicale à l'Ecole de médecine ;

Marduel, chef de clinique d'accouchements à l'Ecole de médecine ;

Pernot, médecin-major de la 1re ambulance lyonnaise ;

Billoud-Monterrad, docteur en médecine.

MM. les docteurs Fochier, Picard et Pravaz attachés pendant quelques jours à l'ambulance de Perrache, n'ont pu consacrer que peu de temps à cette œuvre.

17 aides-majors ou sous aides-majors, internes des hôpitaux, élèves des écoles de Lyon et de Strasbourg ont fait le service de jour et de nuit ; d'autres ont demandé leur inscription, mais rappelés à l'armée active ou réclamés par les hôpitaux ils ne sont demeurés que peu de temps au service de Perrache.

Aides-Majors.

MM.

Brun, Grad, Jubin, Roussel, Brun-Baty, Knoll, Reynaud, Barbarin, Biot, De Wezyg, Fea, Ravet, Ponsot, Weill, Guyot, Chevalier, Lafaye.

Un pharmacien-major et un aide-major ont assuré la conservation et la préparation des médicaments.

Pharmacien-major : M. Vial, pharmacien de la Compagnie.

Aide-major : M. Bontemps.

17 infirmiers civils ont pris une part active à notre œuvre. L'un d'entre eux M. Eugène Passot, avocat à la cour d'appel, fils

de notre très-honorable confrère M. le docteur Passot, a rempli les difficiles fonctions de secrétaire de l'ambulance ; il a consigné jour par jour avec la plus grande exactitude le résumé de notre travail quotidien. Les feuilles qu'il nous a remises réunies en deux volumes constituent la véridique histoire de notre ambulance ; nous trouverons dans ce recueil des documents statistiques dont la valeur ne pourra pas être contestée.

Infirmiers civils.

MM.

E. Passot, avocat, secrétaire de l'ambulance ; J. Baudesson de Richebourg, magistrat ; Mariller, Durand (Louis), Moreau, Camel, Gourd (Joannès), Bert, Blath, De Bury, Bayle, De Mercey, Stern, Chatelan, Tisseur, Allard, Dommartin, Réné Mas.

M. Genin, intendant militaire, chargé du service des hôpitaux a toujours été favorablement disposé envers nous.

J'ai indiqué les services rendus par le bureau militaire à la tète duquel étaient placés deux sous-intendants auxiliaires. M. l'intendant Genin, avait mis à notre disposition des infirmiers dont le nombre a varié de 24 à 5 suivant les besoins. Ces infirmiers appartenaient à la section commandée par M. Olive, officier comptable principal à qui nous devons aussi un tribut de gratitude pour la bienveillance qu'il a mise dans les fréquents rapports que nous avons eus avec lui.

M. Dussourt, médecin principal de 1re classe, en chef, à l'hôpital militaire, et MM. les médecins traitants, dont plusieurs des membres de l'ambulance ont eu l'honneur d'être les collègues pendant la guerre, ne nous ont pas ménagé les conseils d'une expérience consommée. Aux mois d'avril, mai et juin, MM. les docteurs Jaux,

médecin-major de 1re classe, Balley et Sommeiller, médecin-majors
de 2e classe, ont représenté à Perrache le service de santé militaire ;
nous avons eu avec ces confrères les meilleurs rapports.

§ III. — Mouvement de l'Ambulance.

C'est vers la fin du mois d'août que les premiers convois de
malades et blessés furent annoncés ; je me bornerai à dire au sujet
de ces malades qu'ils ne méritaient pas tout l'intérêt dont ils furent
en plusieurs occasions l'objet de la part de la population lyonnaise.

Dès cette époque cependant nous fûmes appelés auprès d'un
certain nombre de blessés, voyageant isolément pour se rendre
dans leur famille. Quelques trains de malades et de convalescents
réclamèrent aussi nos soins. Au mois d'octobre seulement un service
régulier fut assuré, il devint permanent au mois de novembre.

Je voudrais pouvoir tracer en quelques lignes la physionomie de
notre établissement aux jours de grande activité ; mais pourrai-je y
parvenir ? La plupart d'entre vous, Messieurs, ayant fait de nombreuses visites à Perrache, les descriptions que je pourrai donner
ne présenteront que peu d'intérêt.

Le télégraphe nous prévenait des arrivées des trains. Malgré le
bon vouloir des employés des lignes télégraphiques et des agents
du chemin de fer, ces avertissements manquaient souvent d'exactitude ; les retards des trains étaient fréquents, soit à cause des
nécessités de la guerre, soit par le fait de l'accumulation des neiges
sur la voie ferrée ; souvent des trains contenant des malades ou
des blessés arrivaient sans être annoncés. A l'arrivée du train, par
les soins de nos infirmiers et des infirmiers militaires, nos clients
étaient dirigés vers la salle du triage. Cette salle qui s'ouvrait sur
le quai d'arrivée avait été établie d'après les indications de M. le
professeur Michel, de Strasbourg, inspecteur de la 4e ligne d'évacuation. Je me borne à mentionner la salle de triage, M. le Secré-

taire-général du Comité ayant eu le soin de faire ressortir les avantages de la disposition des locaux à cet égard, soit à Perrache, soit à la gare des Brotteaux.

A l'extrémité de la salle de triage se trouvait le cabinet où le médecin-major de service prononçait les diverses destinations ; les malades recevaient des billets qui permettaient de faire un premier classement.

Tous se rendaient au réfectoire où 200 militaires pouvaient trouver place en même temps. Du réfectoire ils étaient conduits aux salles de pansements, des salles de pansements dans les dortoirs.

Cet ordre était naturellement interverti quand l'état des malades nécessitait des soins médicaux immédiats ; je dois ajouter qu'un grand nombre de pansements étaient faits dans les dortoirs même.

Du 25 janvier au 30 mars, la visite des salles a été confiée à M. le docteur Philippe Faure, médecin-major de l'Ambulance qui, assisté de MM. Brun et Grad, aides-majors, a assuré cette partie importante du service pendant les mois les plus chargés.

Qui servait ces 200 militaires attablés ? Tous les membres de l'Ambulance ont mis tour à tour la main à l'œuvre. Le tablier à la croix rouge n'était pas un vêtement de parade, il était bien réellement le signe d'un service effectif.

Les repas étaient composés habituellement d'une soupe de bouillon gras, de pain à discrétion, d'un morceau de bœuf, d'un plat maigre, d'un morceau de fromage et de deux verrées de vin.

Des aliments légers étaient offerts aux plus malades à qui le vin de Bordeaux et le vin vieux étaient aussi réservés.

Ceux qui pouvaient fumer recevaient du tabac ou des cigares.

La distribution des médicaments se faisait d'une manière régulière et conformément aux prescriptions médicales inscrites sur un registre particulier.

Quand nous avons été surpris par l'arrivée inattendue d'un grand nombre de malades, M. Guy, propriétaire du buffet, toujours prêt à nous venir en aide, mettait à notre disposition les ressources de son établissement.

Nous devons rappeler ici que M. Guy a reçu les remercîments de M. le comte d'Espagny, président du Comité lyonnais et de tous ceux qui ont pu apprécier les services qu'il a rendus à l'Ambulance de Perrache.

Des trains d'évacuation destinés aux hôpitaux du Midi, faisant à Perrache un court stationnement, n'ont pas toujours pu recevoir de nous tous les secours que nous aurions bien voulu leur donner, mais il n'était pas à notre disposition de modifier leur itinéraire, des médecins étaient d'ailleurs attachés aux convois.

L'ambulance de Perrache a été surtout destinée aux pansements. Après Nuits, Villersexel et la déroute de l'armée de l'Est, nous avons vu arriver un grand nombre de plaies récentes. C'est alors seulement que nous avons eu un certain nombre d'opérations à faire.

16,226 pansements ont été faits, du mois d'août 1870 au 1er octobre 1871, à des blessés ou à des malades.

Ils sont ainsi répartis sur les différents mois :

Août, septembre, octobre, novembre 1870. .	300
Décembre 1870	954
Janvier 1871	3244
Février —	2432
Mars —	2706
Avril —	1363
Mai —	1504
Juin —	1704
Juillet —	1315
Août —	448
Septembre —	256

Nos aides ont assuré que dans les jours de grande presse, aux mois de janvier, février, mars et avril, un cinquième environ des blessés n'auraient pas été inscrits sur les registres ; nous pouvons établir d'autre part, en consultant ces mêmes registres et les rapports de M. Passot, qu'un dixième environ de nos blessés ont été pansés plusieurs fois ; le chiffre de 16,226, inférieur au nombre réel des pansements, représente d'une manière approximative le nombre des soldats pansés. Nous aurons d'ailleurs l'occasion de revenir sur les chiffres que nous présentons aujourd'hui.

Dans ce nombre nous avons compté :

    1632 plaies par éclats d'obus.
    5704 plaies produites par des balles de fusil ou de revolver.
      89 plaies par arme blanche.
    2632 congélations.
      72 brûlures.
     804 amputations diverses.
      15 résections.
     271 fractures.
     221 entorses.
    1122 ulcères, excoriations, œdèmes des pieds et des jambes.
     617 abcès, furoncles, panaris.

Il nous sera possible un jour de donner avec plus de précision une classification plus détaillée. Nous appelons l'attention sur la proportion considérable des plaies par éclat d'obus et des gelures et sur la petite quantité des plaies par arme blanche.

140,700 repas à table ou au lit des malades ont été donnés, 15,000 soldats environ ont reçu des aliments dans les voitures, sur les quais ou dans les salles d'attente. Dans ce nombre de 155,700 sont compris 75 à 76,000 prisonniers de guerre qui, aux mois de mai, juin et juillet ont été admis au réfectoire.

40 à 45,000 soldats atteints de maladies internes ou convalescents ont traversé nos salles ; nos portes ont été aussi ouvertes à un certain nombre de militaires valides et de traînards.

15,892 malades ou blessés ont passé une nuit dans les dortoirs. De ce nombre il convient de retrancher un dixième pour avoir le chiffre approximatif des personnes logées ; souvent des militaires destinés à faire un long trajet obtenaient de se reposer plusieurs jours dans nos salles.

Les malades et blessés de l'armée ennemie ont reçu de notre personnel les mêmes soins que les français.

Les pansements ont été faits avec beaucoup de soin, nous avons eu à faire le plus souvent à des plaies en voie de guérison, le mode de pansement a dû être cependant très-varié, et il a été tenu compte dans ces opérations de petite chirurgie de l'état particulier des malades, de l'aspect des plaies et des circonstances qui pouvaient présenter une indication spéciale. Sans entrer à ce sujet dans les détails auxquels cette note ne peut donner place, je dirai que les lotions phéniquées, chlorurées, le pansement alcoolique, camphré, laudanisé, balsamique, au perchlorure de fer, au jus de citron ont été employés suivant les cas. Je dois une mention particulière au vin aromatique glycériné de M. Ferrand, ancien président de la Société de pharmacie.

Le pansement fait avec ce liquide nous a semblé préférable, parce qu'il se dessèche bien moins vite que celui que l'on fait avec le vin aromatique ordinaire ; les pièces de pansement moins adhérentes sont plus facilement remplacées au grand avantage du travail de cicatrisation.

C'est le soir et la nuit que nous arrivaient le plus grand nombre de blessés, ils étaient reçus par l'un de nos collègues qui présidait aux soins médicaux et chirurgicaux, se concertait avec la direction pour la désignation des salles affectées à chacun. Très souvent des personnes de notre ville venaient chercher des blessés afin de les traiter dans leur famille où ces militaires étaient l'objet des plus grands égards. Le nombre des soldats traités ou logés chez les particuliers est de 4 à 500.

Les médecins et chirurgiens des hôpitaux opèrent, soignent leurs malades en présence de leurs collègues, de leurs aides et élèves, du personnel du service seulement. Le médecin de famille ne fait jamais sa visite en présence des personnes étrangères à la famille ; telles sont les habitudes établies dans l'intérêt des malades et de la pratique médicale.

Nous avons eu la main forcée à Perrache, et souvent les visiteurs s'introduisaient dans nos salles de pansement en assez grand nombre pour gêner le service. Aussi, nos aides à plusieurs reprises nous firent part des ennuis que cet état de choses leur occasionnait. Tout-à-fait de leur avis au fond, mais devant tenir compte d'autres intérêts, nous leur fîmes observer que la curiosité n'était pas le seul mobile des personnes amenées à la gare par le passage des blessés, que nous ne devions pas sembler méconnaître les sentiments généreux de cette assistance émue ; et d'ailleurs, ces visites étant l'occasion de dons importants, elles étaient à ce point de vue profitables à nos malades. Nos jeunes collaborateurs se laissèrent convaincre, et je ne saurais trop les remercier d'avoir bien voulu accomplir leur tâche malgré les conditions inusitées dont je ne saurais trop faire ressortir les inconvénients. Je ne veux pas dire que les personnes étrangères à la médecine doivent être absolument tenues éloignées des salles de pansement ; je commettrais une grave injustice, si je ne reconnaissais pas que plusieurs de nos infirmiers volontaires avaient acquis une telle habitude des soins à donner aux blessés qu'ils pouvaient dans certains cas suppléer nos aides. Je ne puis oublier que le matin au moment où le service des hôpitaux nous privait de la plupart de nos internes, un des membres du Comité lyonnais, pourquoi ne nommerais-je pas M. Raoul de Cazenove ? venait avec une exactitude ponctuelle faire des pansements et les appliquait avec une grande habileté.

Le dimanche nos locaux étaient tout-à-fait ouverts au public ; plusieurs milliers de personnes les traversaient. L'obole de la pauvre femme venait accroître nos ressources et les menus objets d'habillement remplissaient les armoires dont nous n'avons jamais pu voir le fond.

N'oublions pas de vous parler de ces chers enfants qui, demain, auront à soutenir la réputation de charité et de patriotisme dès longtemps acquise à notre ville, et remercions ceux qui, en grand nombre sont venus nous apporter l'argent primitivement destiné à leurs plaisirs.

Le 22 décembre, la direction de l'Ambulance établit un bureau de correspondance et de renseignements. Cette très-heureuse innovation était destinée à faire connaître aux parents l'état de leurs enfants et leur destination, à donner par des lettres ou des communications aux journaux les nouvelles favorables qui nous parvenaient.

Nous ne saurions trop insister sur les bienfaits produits par cette excellente idée qui fut mise en pratique aussitôt qu'elle fut conçue.

Avons-nous accompli avec succès, Messieurs, la mission dont vous nous aviez chargés ?

La plupart des autorités militaires, administratives ou médicales qui pouvaient exercer un contrôle sur nos actes, ne nous ont pas laissé ignorer qu'elles reconnaissaient l'efficacité de nos efforts ; nous avons eu le plaisir de voir M. Marmy, médecin principal de 1re classe, inspecteur des Ambulances Lyonnaises, dont les visites nous ont toujours été profitables, rendre un témoignage favorable à notre bonne volonté.

Les autorités de l'Intendance et de la Compagnie du Chemin de fer s'occupèrent, et à notre grand avantage, de nos affaires ; cependant l'Ambulance de Perrache empruntait principalement son caractère à l'initiative des particuliers désireux de payer un tribut aussi large que possible au soulagement de ceux qui avaient combattu pour la patrie. Les ressources que nous avions nous étaient allouées par le Comité lyonnais : elles étaient accrues sans cesse par les dons qui nous arrivaient de la ville et de ses environs. Il nous fut permis de ne pas imposer de limites à nos dépenses.

Si la discipline de l'état militaire ou d'une administration de chemin de fer ne pouvait pas être invoquée par nous, une noble émulation en tenait lieu, et nous avons pu, après avoir constitué des cadres, fonctionner en toute occasion d'une manière convenable.

Les chiffres relevés plus haut permettent d'apprécier les difficultés que l'administration de notre ambulance a dû surmonter pour mener son œuvre à bonne fin.

L'intérêt des malades et blessés avait appelé la sollicitude du Comité lyonnais à la gare de Perrache. Ce Comité a dû en mettant au-dessus de toutes les considérations l'intérêt des malades et blessés, tenir compte cependant autant que possible des convenances de la Compagnie du Chemin de fer. Lorsque, ce qui est arrivé souvent, il se présentait en même temps une affluence de militaires et de voyageurs, l'accord entre les parties intéressées était indispensable. Il n'est pas hors de propos de dire que ce bon accord n'a jamais cessé d'exister, grâce au bon vouloir de tous.

Il est possible que si des baraquements plus vastes ou plus nombreux avaient été plus tôt établis, notre présence eut causé moins d'embarras à l'administration du Chemin de fer : mais il est bon de rappeler que notre ambulance ayant accepté toutes les éventualités et devant faire face à toutes les obligations prévues ou imprévues, les modifications nécessitées par cet état de choses avaient toujours un caractère d'urgence et devaient être accomplies à la hâte.

Nous sera-t-il permis de croire que l'Ambulance de Perrache fournira une page intéressante à l'histoire de la Société de la Croix-Rouge ?

Lyon, le 14 octobre 1871.

Pour la Direction,

Dr A. FAVRE.

AMBULANCE DE LA GARE DE PERRACHE

ACTIF			PASSIF			
PROVENANCE DES SOMMES REÇUES A L'AMBULANCE	SOMMES		QUANTITÉS	NATURE DES FOURNITURES	SOMMES	
Reçu du Comité directeur.	26.225	45	11.235 litres	Vin.	3.375	60
Dons des particuliers.	15.034	55	27.962 k.	Pain	11.922	»
Produit des quêtes	15.294	15	8.560 k. 570 g.	Viande	9.614	44
Produit des loteries organisées par les			2.860 k. 700 g.	Charcuterie	7.917	65
Dames de l'Ambulance.	1.139	50	500 k.	Fromage	2.553	55
Produit d'une vente faite par Mme Morin-				Eclairage au gaz de la salle de la		
Pons.	400	»		brasserie.	272	75
				Achat de sabots, chaussons et		
TOTAL. . .	58.093	65		chaussures	1.239	15
				Frais de bureaux, d'installations.... 2.150 »		
				Achat et location de mobilier, lits, matelas, etc................. 3.700 »		
				Charbon, chauffage et éclairage .... 1.697 »		
				Vêtements, béquilles, etc............ 1.480 »		
				Médicaments.................... 1.570 »		
ACTIF . . 58.093 65				Locations de voitures pour transport des blessés et autres frais........ 1.530 »	21.157	16
PASSIF . 58.052 30				Logement, nourriture des blessés dans les hôtels ou buffet......... 5.350 »		
				Frais de personnel, indemnités...... 2.130 16		
				Blanchissage, menus frais.......... 860 »		
Différence 41 35 versée à la				Secours de route à des blessés, frais de déplacement des convoyeurs... 690 »		
caisse du Comité.				TOTAL. . .	58.052	30

ÉTAT DES DONS EN NATURE

(PARTICULIERS ET COMITÉ)

Reçus à l'Ambulance de la gare Perrache

QUANTITÉS	NATURE DES OBJETS	SOMMES	
	Liquides		
21.420	Litres vin ordinaire à 0 50	107.10	»
425	Litres vin fin à 2 »	850	»
200	Litres liqueurs à 3 »	600	»
	Vêtements, Linges		
220	Draps à 12 » la paire	1.320	»
1.995	Chemises à 2 50	3.987	»
947	Caleçons à 3 50	3.324	50
721 Tricots / 493 Flanelles } 1,314	à 5 »	6.570	»
4.336	Paires de chaussettes 1 »	4.336	»
537	— chaussons à 1 50	805	50
353	Bonnets à » 60	211	80
265	Pantalons à 10 »	2.650	»
126	Gilets à 6 »	756	»
72	Paletots à 20 »	1.440	»
428	Ceintures à » 50	214	»
425	Cache-nez à 1 50	637	50
216	Serviettes à 1 »	216	»
115	Couvertures à 7 »	805	»
1.466	Mouchoirs à » 40	586	40
540	Paires de souliers à 10 »	5.400	»
118	Paires de gants à 1 »	118	»
50	Charpie à 3 50	175	»
140	Linge à pansements à 3 50	490	»
300	Paires de sabots à 1 50	450	»
	Total	40.673	70